AF362428

V
3542
R.F.

Cours d'Art et d'Archéologie
3, Impasse du Parc, Bruxelles

Conserver les couvertures,

Les Origines de l'Art

et l'Art Oriental

4169

PAR

Jean Capart,

Chargé de Cours à l'Université de Liége,
Conservateur adjoint des antiquités égyptiennes
des Musées Royaux.

Iʳᵉ PARTIE

Les Origines de l'Art et l'Art égyptien

RÉSUMÉ DU COURS

BRUXELLES
POLLEUNIS & CEUTERICK, IMPRIMEURS
37, RUE DES URSULINES, 37

1903-1904

Cours d'Art et d'Archéologie

3, IMPASSE DU PARC, BRUXELLES

LES ORIGINES DE L'ART

ET L'ART ORIENTAL

PAR

JEAN CAPART

Chargé de Cours à l'Université de Liége,
Conservateur adjoint des antiquités égyptiennes
des Musées Royaux.

Irᵉ PARTIE

Les Origines de l'Art et l'Art égyptien

RÉSUMÉ DU COURS

BRUXELLES

POLLEUNIS & CEUTERICK, IMPRIMEURS

37, RUE DES URSULINES, 37

—

1903-1904

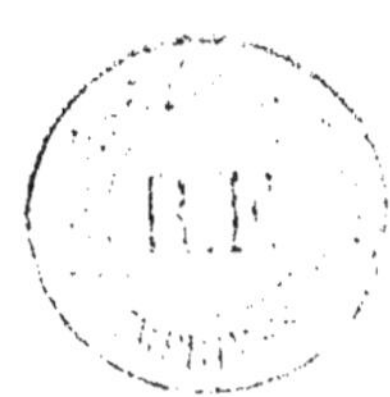

LES ORIGINES DE L'ART
ET L'ART ORIENTAL

Résumé du Cours de M. Capart

Iʳᵉ PARTIE

Iʳᵉ LEÇON

Programme et Méthode

I. En toutes choses il faut commencer par le commencement. " De tous les organismes ceux dont l'attentif examen
aura le plus de chances de révéler au naturaliste quelqu'une
des lois générales à laquelle obéissent tous les vivants, ce
sont les organismes inférieurs. Il n'en est pas autrement des
pensées et des sentiments que des organes, des institutions,
des techniques, des coutumes autrement que des espèces et
des races : c'est seulement en les voyant se former que nous
les comprenons „ (Marillier).

II. Étudions donc les phénomènes artistiques élémentaires
et dans ce but interrogeons les primitifs.

Les classifications des ethnographes offrent de telles diver-
gences à cet égard, qu'il est difficile de décider quels sont les
peuples que l'on peut appeler primitifs. Un facteur de civilisation, isolé, facile à déterminer et assez important pour
pouvoir passer pour la caractéristique de toute une civilisation, c'est la production, la façon dont les membres d'un
groupe social produisent leur nourriture : peuples divisés en
chasseurs et pêcheurs, éleveurs nomades et agriculteurs
sédentaires.

Les primitifs sont ceux qui se nourrissent des produits de la chasse et des plantes qu'ils recueillent. Boschimans, Aléoutes, Fuégiens, Botocudos, Mincopies, Australiens. — Préhistoriques.

Quels sont chez ces peuples les phénomènes que l'on peut appeler des *phénomènes artistiques?*

Nous étudierons la décoration (corps et ustensiles), la peinture et la sculpture : arts du repos; la danse, la musique et la poésie : arts du mouvement.

III. Passons ensuite au développement de l'art chez des peuples plus civilisés. Quels peuples étudierons-nous?

Le but de notre étude est double : l'érudition pure, le plus important actuellement; l'intelligence des phénomènes artistiques du passé servant à la compréhension et à la direction des phénomènes artistiques du présent; but lointain qui ne sera atteint que lorsque l'on pourra se servir de matériaux bien étudiés.

Nous étudierons donc l'art des peuples qui ont concouru à l'évolution des arts d'où les nôtres sont sortis en dernière analyse. Exclusion des Américains et de l'Extrême-Orient. Bassin de la Méditerranée.

Pourquoi ne pas exclure les primitifs Australiens, etc.? C'est qu'ils nous fournissent la solution de problèmes insolubles autrement. " La représentation d'animaux comestibles au fond de nos grottes (de France), à l'exclusion des carnassiers, s'expliquerait fort bien si l'état religieux des troglodytes avait été semblable à celui des Aruntas (Australiens) étudiés par MM. Spencer et Gillen „ (Reinach).

IV. Cette hypothèse se vérifie grâce aux monuments égyptiens où il n'y a pas d'hiatus entre un art primitif et un art que l'on peut appeler classique. C'est là une première raison d'étudier l'art égyptien. La seconde est que l'Égypte a été fréquemment en rapport avec le monde égéo-grec et que ces rapports ont été féconds. Ire et XIIe dynasties, rapports avec les Égéens, XVIIIe, avec les Mycéniens (Kefti), avec les Grecs au VIIe siècle (Naucratis). Rôle d'Alexandrie (IVe siècle avant J.-C.). Rôle de l'Égypte dans la formation de l'art byzantin.

V. Comment étudier l'art égyptien ? " Le principe essentiel de la recherche scientifique est partout et toujours le même; que la recherche soit faite sur une plante ou une œuvre d'art, elle doit toujours être objective. Sans doute il est plus facile de garder son sang-froid devant une plante que devant une œuvre artistique qui s'adresse immédiatement à nos sentiments, mais si l'on veut faire une *science de l'art,* il faut garder son sang-froid „ (Grosse). Il ne faut pas appliquer aux œuvres égyptiennes le critérium avec lequel nous apprécions les œuvres contemporaines. Pourquoi ?

L'œuvre d'art, pour être jugée, doit être complétée par les idées de l'artiste qui l'a produite.

Les idées des Égyptiens sont différentes des nôtres, de même leurs conventions artistiques (perspective).

Leurs œuvres qui nous paraissent les plus belles n'étaient pas appréciées de même par les Égyptiens.

Preuve : Tell-el-Amarna, tentative d'Aménophis IV. Tâchons donc de juger comme un Egyptien.

VI. Pour cela, il faut d'abord déraciner les idées inexactes et fausses.

Durée de la civilisation égyptienne. — Incertitudes de la chronologie pour les temps les plus anciens. Ire dynastie antérieure à 5000 ans avant J.-C. Epoque primitive : environ 2000 ans. Extinction : vers le VIIe siècle après J.-C. 8000 ans d'histoire continue, par conséquent on peut supposer *a priori* des transformations. Celles-ci ont pu se produire, l'Egypte n'étant pas isolée.

Rapports avec le monde méditerranéen dès l'époque préhistorique. Rapports avec le monde de l'Afrique Orientale (Pount). Rapports avec le monde syrien, etc.

L'Égypte n'a pas été immobile. Pourquoi nous croyons au premier abord qu'elle n'a pas changé. — Durée des temps qui efface les différences individuelles.

Perfectionnement de l'humanité qui remplace les découvertes successives par de plus importantes.

Matériaux de l'art officiel plus résistants que ceux de l'art non officiel.

Critiques d'art et historiens de l'art qui ont choisi les monuments d'après leur conception du beau.

Notre ignorance pendant longtemps à dater les monuments et le manque d'études approfondies.

L'Égypte enfin n'est pas bizarre et les solutions données aux problèmes artistiques par ceux qui ont eu à les résoudre sont éminemment logiques quand nous sommes à même de les comprendre.

VII. Les difficultés sont nombreuses, soyons donc prudents dans nos jugements.

Ce qu'il importe c'est de fournir plus tard aux théoriciens de l'art des documents surs qui leur permettront de déduire les lois du phénomène artistique.

IIᵉ LEÇON

Les premières manifestations artistiques

LA DÉCORATION

I. Rappelons d'abord la division des arts : arts du repos ; décoration, peinture et sculpture ; arts du mouvement : danse (art plastique animé), musique et poésie.

Nous devons chercher pour chacun de ces arts quelles en sont les premières manifestations et voir quel en est le mobile.

II. *Bibliographie :* GROSSE, *les Débuts de l'Art.* Edition française. Paris, Alcan, 1902.

DENIKER, *les Races et les peuples de la terre.* Paris, 1900.

— HADDON, *Evolution in Art as illustrated by the Life-histories of designs.* Londres, 1895.

WOERMAN, *Geschichte der Kunst,* I. Leipzig, 1900. Livre I.

SCHURTZ, *Urgeschichte der Kultur.* Leipzig, 1900, chapitre V.

FRAZER, *The Golden Bough.* 2ᵉ édition. Londres, 1900. Edition française : *le Rameau d'or,* I. Paris, 1903.

— REINACH, *l'Art et la magie à propos des peintures et des gravures de l'âge du renne* dans l'*Anthropologie,* 1903.

SPENCER et GILLEN, *The native Tribes of Central Australia.* Londres, 1899.

III. L'objet qu'on orne le premier est le corps humain. On distingue à cet égard la parure fixe et la parure mobile.

La parure fixe la plus simple est la *peinture sur le corps.*
L'Australien a toujours dans son sac une provision d'argile
blanche ou d'ocre rouge et jaune. On se peint pour la
première fois lors de l'initiation. Par qui sont faites les peintures? Ce que représentent les peintures? (Exemple : totem-
serpent). But des peintures : pictographes, marques religieuses
et sociales, amulettes curatives. Nécessité des commentaires
des indigènes pour les interpréter correctement (Exemple :
homme-médecine australien). Peintures des troglodytes de
France et de Belgique. Ossements peints en rouge. Généraux
romains.

Ces décorations sont fragiles, aussi cherche-t-on à les
rendre plus durables. Deux moyens sont employés : *les
scarifications et les tatouages* qui ont la même signification
que les peintures. Rapidement les peintures et tatouages
perdent leur rôle utilitaire et deviennent uniquement décoratifs.

La transition entre la parure fixe et la parure mobile nous
est fournie par *les mutilations* permettant d'attacher au corps
divers objets. Mutilations du *nez :* rôle religieux démontré
par les circonstances spéciales dans lesquelles on passe dans
le nez les bâtonnets.

Mutilation des *lèvres* (Exemple : femme Wawira, est-
africain). Mutilation de l'*oreille :* (Exemples : Massai, est-
africain ; est-bornéo) but sanitaire. *Dents :* Australie et
Afrique (Influence sur la langue : Bantous).

Coiffures nombreuses et compliquées, différentes d'après
les circonstances. Coiffure ayant un rôle religieux (Exemple :
Égypte et coiffure du clan petit oiseau chez les Omahas) et
devenant un véritable emblème religieux à des époques plus
civilisées (Exemple : tresse en Égypte). Voir DARWIN, GEORGES,
l'*Evolution du vêtement* dans la *Revue de l'Université de
Bruxelles,* 1899-1900.

IV. *Parure mobile.* Peignes et épingles à cheveux. Peignes
magiques de Malacca. Épingles à figures animales en Chine.

« Le principe suivant lequel on choisit les endroits du corps destinés à porter la parure est un principe pratique et qui fait abstraction de toute considération d'ordre idéal... Sont destinés à porter la parure, tous les endroits du corps qui forment des rétrécissements au-dessus des parties osseuses et musculeuses plus larges „ (Lippert). La forme la plus simple de ces décorations consiste à attacher en ces divers endroits du corps de simples lanières de peau, des nerfs d'animaux, des tiges herbacées. Ensuite on y suspend des coquilles, des perles, des griffes d'animaux, etc... Influence des nœuds en magie. Population moderne de Thèbes : remarque de Stacquez. Décoration du front, du cou, des hanches, bras et jambes. Origine du vêtement : « A la lanière du cou, ou collier on suspend une peau de bête et la voilà transformée en manteau... La lanière de la taille, la ceinture est également surchargée de différents appendices et se transforme en jupe „ (Deniker). Décoration de tout le corps au moyen de plumes chez les Australiens (Cérémonie du clan de l'émou).

V. Les hommes, même les plus primitifs, ne se contentent pas d'orner leur corps, ils embellissent aussi leurs armes et leurs ustensiles.

« Le trait caractéristique de l'art décoratif des peuples primitifs est celui-ci : Tous les motifs sont inspirés des objets réels ; il n'y a pas de traits purement et volontairement ornementaux ni à plus forte raison, de figures géométriques comme on a cru jusqu'à ces derniers temps. Toutes les prétendues figures de ce genre sont des dessins simplifiés d'animaux, et des objets, etc. Les motifs les plus fréquents sont inspirés par les animaux (motifs zoomorphes), par la figure humaine (motifs anthropomorphes), quelquefois par les objets fabriqués (skéiomorphes); ceux qui sont tirés des plantes (phitomorphes) sont excessivement rares... Souvent l'objet entier se transforme en ornement et devient impropre à l'usage auquel il a été destiné „ (Deniker).

La transformation d'un *motif naturel* en motif géométrique

se fait en vertu de deux principes : principe de simplifica-
tion et principe de l'ordre rythmique. Origine du goût du
rythme chez les primitifs " l'artiste primitif n'a pas inventé
le principe régulier, mais il l'a trouvé dans l'art du vannier
qui est obligé d'arranger ses matériaux d'une façon régu-
lière „ (Grosse). Exemples de déformation et de transformation en motifs géométriques : évolution de la représentation
de l'alligator dans l'ancien art colombien. Évolution de la
représentation d'un poisson dans l'ancien art mexicain. Évolution de la représentation humaine dans l'art des îles Salo-
mon. Influence du goût des primitifs pour les ornements
symétriques.

VI. *Motifs nés de la technique* (skéiomorphes) : Motifs nés
du lien qui primitivement sert à unir deux objets et motifs
nés de l'imitation des procédés de la vannerie. Procédés de
l'architecture en bois transportés à l'architecture en pierre.
Motif en forme de corde sur les poteries. Technique du cuir
et du métal dans la céramique.

Influence de la technique sur la transformation des motifs
naturels (Exemple nord-américain).

VII. *Transformation d'un objet usuel en ornement.* (Exemple :
ornements en écaille de tortue, du détroit de Torres). Objets
votifs, insignes religieux.

VIII. *But de la décoration.* On décore les objets dans un but
d'information : marques de tribus, de propriété, marques de
fabricant — dans le but d'acquérir le luxe, le pouvoir : armes
d'apparat, indices de pouvoir — dans un but magique et
religieux, et cela deviendra plus clair lorsque nous étudierons
la peinture et la sculpture — dans un but esthétique, mais ce
but n'est que secondaire et est difficile à reconnaître à
l'origine. Enfin on décore, comme nous l'avons vu, par imitation irraisonnée d'un modèle primitif : motifs skéiomorphes.

IIIᵉ LEÇON

Les premières manifestations artistiques

PEINTURE, SCULPTURE, ARTS DU MOUVEMENT

I. Dans les grottes de France et d'Espagne on a découvert récemment des gravures et des peintures d'animaux (Combarelles, Font de Gaume, Dordogne; Altamira, Espagne). Caractère réaliste de ces représentations.

Sculptures rupestres du sud-oranais et de l'Égypte. Leur antiquité reculée; leur parenté. Peintures d'une tombe préhistorique d'Égypte.

II. Peintures des Boschimans (Exemple : Tugela) parfois dans des grottes obscures (Exemple : Capture des bœufs des Cafres par les Boschimans). Représentations d'animaux.

Dessins australiens : animaux (Exemple : Depuch Island), personnages et animaux (Exemple : Caverne sur le Glenelg). Peintures des Australiens du centre d'après Spencer et Gillen.

III. Dessins gravés sur os de l'époque paléolithique, dans les cavernes de France. Caractère de ces représentations. Destination probable des " bâtons de commandement „. Sculptures paléolithiques de France.

IV. Dessins sur les instruments des Esquimaux : représentations de chasse et de pêche, parfois à proximité du campement : représentation des huttes.

Sculptures sur os des Aléoutes, des Hyperboréens et des Esquimaux.

V. But des peintures et des sculptures. " Les animaux représentés sont, à titre exclusif, ceux dont se nourrit un peuple de chasseurs et de pêcheurs. Ces animaux là étaient *désirables,* tandis que les autres ne l'étaient point.... les troglodytes, en dessinant, en peignant et en sculptant, n'ont pas seulement cherché à occuper leurs loisirs ou à fixer leurs souvenirs visuels pour faire admirer leur adresse de leurs compagnons „ (Reinach). Il faut remarquer que ces " œuvres d'art „ se trouvent au fond des cavernes obscures et que par conséquent il devait être à peu près impossible de les voir. Ou bien encore chez les Australiens elles sont peintes ou gravées en des endroits strictement *tabous* pour les femmes et les enfants. Cela indique une destination religieuse ou magique, par suite utilitaire.

En Egypte il y a une exception assez grave mais elle n'est qu'apparente. Des animaux peuvent être désirables eu égard à leurs rapports magiques avec le clan (Exemple : Ainos).

VI. Pour arriver à comprendre clairement le but des manifestations artistiques il faut connaître parfaitement les idées des primitifs sur l'âme. " Le sauvage explique le phénomène de la vie comme tous ceux de la nature inanimée, en supposant qu'ils sont l'œuvre d'êtres vivants cachés dans ou derrière eux. Un animal ne vit et ne se meut que parce qu'il en contient un plus petit qui se meut en lui. Un homme ne vit et ne se meut que parce qu'il contient un petit homme ou un petit animal qui lui donne la vie et le mouvement. L'animal qui vit dans l'animal, l'homme qui vit dans l'homme, c'est l'âme „ (Frazer). Rôle du rêve dans la formation de cette croyance au double. Les pérégrinations de l'âme ; les dangers de l'âme. Rôle de l'ombre, de la représentation : l'âme dans le portrait. L'âme pouvant être enlevée magiquement du corps pour nuire à l'homme ; on peut aussi l'enlever dans le but de la mettre en sûreté. Fétiches. *Churinga* des Australiens, leurs représentations, *Totems.* L'espèce animale choisie comme totem d'un clan sera protégée et l'on s'efforcera de la multiplier afin d'assurer la conservation du clan. Cérémonies de l'*Intichiuma* où l'on fait des représentations artistiques dans un but magique déterminé. Le clan de l'émou. Il y a donc ici représentation d'un être faite dans le but d'agir sur l'être lui-même, c'est de la magie sympathique ou imitative. Distinction entre les deux espèces : difficultés de les séparer. La représentation d'un être pour agir sur l'être nous paraît imitative ; pour le primitif c'est sympathique puisque l'image, comme on l'a vu plus haut, est une émanation de l'être lui-même (reflet dans l'eau, dans une glace). Théories modernes de l'extériorisation de la sensibilité.

VII. Si nous pouvons expliquer de la sorte les représentations d'animaux, comment expliquer les représentations humaines. — Envoûtement. — (Exemple : Australien cité par Frazer). Dans les deux cas, la condition nécessaire à l'obtention du résultat est la même : il faut que la représentation de la personne et de l'animal soit aussi ressemblante que possible. Caractère réaliste de l'art primitif.

Lorsque nous nous trouvons en présence d'une manifestation artistique primitive, nous devons toujours supposer une explication magique qui ne deviendra claire que par les commentaires des indigènes. (Exemple : proclamation du gouverneur de Van-Diemen). Explication de la représentation de la capture des bœufs des Cafres par les Boschimans, étudiée précédemment. Les exemples égyptiens seront l'objet de leçons subséquentes.

VIII. Passons aux arts du mouvement. Les *danses* sont originairement imitatives (danses d'animaux des Australiens). Elles sont l'accompagnement nécessaire des cérémonies où interviennent des représentations graphiques. Danses magiques. (Exemple : Madagascar, Afrique, etc.). La musique a une double origine : 1º Accompagner de bruits rythmiques les mouvements des danseurs et en général tout travail, afin de le faciliter. Flûtiste sur un groupe de terre cuite grec. Les théories de Bücher, *Arbeit und Rythmus,* " il fait dériver des métiers manuels et des mélopées créées par la nécessité de l'effort en commun tous les rythmes qui sont à l'origine de la musique et de la poésie „. Chanteurs sur les bateaux du Nil. Au début musique, uniquement claquement des mains ou percussion d'objets sonores ; 2° faire du bruit : cérémonies religieuses et funéraires, cloches aux fêtes des morts, coups de fusil. Rois primitifs accompagnés d'orchestres.

La danse et la musique sont ordinairement accompagnées de chants qui reçoivent naturellement une forme rythmique ; caractères : répétitions, assonances. Égypte : incantations contre les serpents. Travailleurs modernes à Karnak.

IX. Le but artistique n'apparaît pas à l'origine pour expliquer les manifestations qui chez les nations plus civilisées deviennent véritablement esthétiques. Le caractère primitif utilitaire et surtout religieux n'a pas entièrement disparu dans les manifestations artistiques les plus avancées. Ce qui peut paraître encore hypothétique dans ces conclusions sera complètement démontré par les documents égyptiens.

IVᵉ LEÇON

L'art des primitifs égyptiens

I. Nous pouvons aborder à présent l'étude des primitifs égyptiens sans crainte de nous égarer. Les leçons précédentes nous ont montré comment interpréter les documents qui vont nous occuper. Nous continuerons à suivre notre division des arts en nous attachant principalement aux arts dont les manifestations ont eu le plus d'importance dans le développement de l'art de l'Égypte pharaonique.

Histoire sommaire des découvertes des dernières années. Petrie et de Morgan.

II. *Bibliographie :* PETRIE, *Naqada and Ballas ; Diospolis ; Royal tombs ; Abydos.* Londres, 1895-1903.

DE MORGAN, *Recherches sur les origines de l'Égypte.* Paris, 1896-1897.

CAPART, *Notes sur les origines de l'Égypte d'après les fouilles récentes,* dans la *Revue de l'Université de Bruxelles,* 1898-1899.

CAPART, *les Débuts de l'art en Égypte,* dans les *Annales de la Société d'archéologie de Bruxelles.* 1903-1904 (en cours de publication).

III. *La parure.* Nous trouvons dans l'Egypte primitive tous les genres de parures en usage chez les primitifs.

Peinture corporelle (Exemple : Statuette de Toukh). Peinture des yeux, le fard vert, les palettes. Ossements peints en rouge.

Tatouages : les Libyens du tombeau de Seti Iᵉʳ ; rapports des primitifs égyptiens avec les Libyens. Mutilations. Coiffures, tresses, perruques. Plumes d'autruche, peignes et épingles. Voile devant la figure.

Ornements du corps : Perles, coquilles, pendeloques, bracelets, bagues. Les bracelets en silex.

Vêtements : peau d'animal, manteaux décorés. Queue et Karonata.

IV. *L'art ornementaire.* Rappelons les principes généraux : Imitation de modèles naturels. Transformation d'un motif naturel en motif géométrique. Motifs nés de la technique. Transformation d'un objet usuel en ornement.

Couteaux en silex. Décoration du manche. Motif se rencontrant dans l'art chaldéen. Cuillères avec manches ornés de figures d'animaux.

Peignes : évolution du type de l'antilope et du type de l'oiseau. Épingles : évolution du type de l'oiseau.

Palettes : rôle utile, rôle magique. Évolution des formes : antilope, tortue, poisson, oiseau.

Vases en pierre dure en forme d'animaux.

Céramique : Types de vases, analogies avec les vases kabyles. Comment on a pu s'en servir pour établir une chronologie relative des temps primitifs. Décadence de la céramique pendant l'ancien empire. Persistance de la poterie à bord noir. Tombes en cuvettes. Vases imitant la vannerie : Extension de la céramique noire incisée. Vases imitant les pierres dures, les courges.

Vases à peintures blanches, motifs floraux, représentations humaines et animales.

Vases décorés : Représentations d'animaux, de plantes, d'hommes, de barques.

Vases à formes fantaisistes : Femme. Oiseaux. Caisses en poterie décorées.

Les marques de poteries : Animaux, etc. Marques alphabétiformes.

V. *La sculpture et la peinture.*

Statuettes d'hommes, de femmes, de nains, de serviteurs.
Figurines d'animaux : hippopotames, lions, chiens, singes. Bestiaux, porc, chacal, antilope, ours, lièvre, chameau. Oiseaux. Poissons, crocodiles, scorpions, grenouilles, griffon. Amulettes en forme de tête de taureau.
Instruments magiques, avec figure humaine.
Bateaux, maison, enceinte fortifiée.
Graffiti sur les rochers dans la Haute-Égypte, leur ressemblance avec les marques de poterie, rapports avec les sculptures rupestres du Sud oranais.
La tombe peinte de Hiéraconpolis. Analyse des scènes. Discussion relative aux barques. Scènes religieuses ? Comparaison avec les représentations des tombes de l'ancien empire égyptien.

VI. Esquisse de l'histoire de l'Égypte à l'époque primitive.

Les Égyptiens de l'époque paléolithique : tribus des chasseurs nomades sur les hauts plateaux; on peut leur attribuer vraisemblablement quelques-uns des graffiti sur les rochers.
Date approximative du premier établissement de populations sédentaires dans la vallée du Nil. Quelles races trouve-t-on en Égypte à l'époque la plus reculée que nous puissions atteindre ? Indications fournies à cet égard par la langue égyptienne.
Patrie originaire des Égyptiens pharaoniques ? Le rôle du pays de Pount et du Wady Hammamat.
Les statues de Coptos.
Conquête de l'Égypte en descendant le Nil.
Comment se fit l'unification de l'Égypte : légendes mythologiques relatives aux guerres d'Horus. Adorateurs d'Horus.

Caractère hypothétique de cette esquisse qui ne pourra être remplacée dans l'avenir par des faits certains que si des découvertes nouvelles viennent apporter de nombreux documents complémentaires.

La prochaine leçon sera consacrée à l'étude de l'influence des envahisseurs pharaoniques au point de vue de la constitution de l'art égyptien.

Vᵉ LEÇON

La formation de l'art égyptien

I. Ainsi que nous l'avons vu dans la leçon précédente, les habitants primitifs de la vallée du Nil avaient atteint un niveau artistique relativement élevé dont la principale tendance était le naturalisme, l'imitation de la nature aussi exacte que possible. Les leçons sur les origines de l'art nous ont montré la nécessité de cette imitation précise du modèle.

Cet art naturaliste ne sera pas détruit par l'arrivée des Égyptiens, précisément parce qu'il est étroitement lié aux croyances religieuses les plus tenaces, celles relatives à l'existence après la mort.

II. Les envahisseurs pharaoniques sont en possession d'une civilisation plus avancée que celle des primitifs égyptiens ; ils ont une écriture et une langue à eux, un rituel déjà formé. A ce rituel se rattachent des représentations faites dans un style qui restera pendant toute la durée de l'histoire de l'Égypte le *style officiel* qui ne subira que peu de modifications.

Toute l'histoire de l'art égyptien pourra se résumer dans la lutte entre les deux arts. C'est ce que Schweinfurth appelle Bauernkunst et Herrenkunst, art des paysans et art des maîtres ; Spiegelberg, Volkskunst et Hofkunst, art du peuple, art de la cour. Ce dernier auteur y rattache également le Profankunst et le Religiosekunst, art profane et art religieux, ce qui est exact en considérant comme profane ce qui dépend des croyances primitives, et religieux ce qui dépend de la religion importée par les envahisseurs égyptiens.

III. *Bibliographie :* SPIEGELBERG, *Geschichte der ägyptischen Kunst.* Leipzig, 1903, II. *Die Frühzeit,* pp. 7-11 ; pp. 22, 63 et 84.

QUIBELL and GREEN, *Hierakonpolis.* I, Londres, 1900 ; II, Londres, 1902.

PETRIE, *Royal tombs of the first dynasty.* I, Londres, 1900 ; *Royal tombs of the earliest dynasties.* II, 1901 ; *Abydos.* II, Londres, 1903.

IV. Les monuments que l'on peut certainement dater des trois premières dynasties vont nous permettre d'étudier ce double caractère de l'art égyptien au moment même où il se constitue. Nous remarquerons en même temps l'influence réciproque de l'art officiel sur l'art populaire et vice-versa. Un des exemples les plus intéressants à cet égard est celui que nous fournissent les grandes palettes votives. Incertitude des premiers archéologues qui les étudièrent. Palette du roi Narmer enlevant les doutes au sujet de leur date et de leur origine.

Palette du Louvre et du British Museum : représentation de chasse. — Petite palette de Hieraconpolis à Oxford : animaux réels et fantastiques. — Fragment du Caire : animaux et apparition des hiéroglyphes unis à la pictographie. — Fragments du British Museum et d'Oxford : girafes, scènes de carnage, pictographie. — Fragment du Louvre : taureau foulant aux pieds un ennemi, symbolisme du roi, pictographie. — Grande palette de Narmer : le roi tuant l'ennemi vaincu. — Plaquette du roi Den ; bas-reliefs au Sinaï du roi Mersekha ; représentations d'époque classique dont on peut trouver déjà le prototype dans les peintures de la tombe peinte de Hiéraconpolis. — Scène de la fête de frapper les Anou (CAPART, *la Fête de frapper les Anou,* dans la *Revue de l'histoire des religions,* 1901, p. 249 et suiv.). — Les félins à cou de serpent se retrouvant dans l'art chaldéen.

V. Les massues votives de Hiéraconpolis, décorées de scènes identiques à celles des palettes. — Fête de Heb-Sed et cérémonie du Khebs-to " piocher la terre „. — Danseurs.

Caractéristiques du style des palettes et des massues : facture précise et sèche, déjà avec les principales conventions artistiques de l'art officiel de l'ancien empire. Tendance à accentuer la saillie des muscles que l'on remarque dans l'art industriel (pieds de coffrets en forme de jambes de taureau), dans l'art chaldéen et également dans l'art égyptien de l'époque saïte.

VI. Passons aux documents de l'art non-officiel et le contraste nous frappera immédiatement. Plaquette en terre émaillée d'un chef des Anou(?). Les stèles privées d'Abydos. Quelques stèles des trois premières dynasties. Les plus anciens tombeaux memphites.

Caractère : indécision, inexpérience surtout sensible dans la gravure des hiéroglyphes.

VII. Le même contraste se constate également dans la sculpture. Rappelons les œuvres en ivoire des primitifs qui nous amènent sans transition brusque depuis les temps les plus anciens jusqu'au début de la première dynastie. Les ivoires de Hieraconpolis : le chef-d'œuvre de cet art naturaliste est la petite statuette de roi découverte à Abydos pendant l'hiver 1902-1903. Manteau brodé, couronne de la Haute-Égypte. Oreille bizarrement déformée. Il faut rattacher à la même direction artistique les statues de Libyens découvertes à Hiéraconpolis. Tête d'homme nègro-libyen.

Quelques statues de particuliers des trois premières dynasties présentent un aspect rude qui contraste étrangement avec les statues royales de la même époque.

VIII. Les statues du roi Khasekhem ou Khasekhmoui (IIe ou IIIe dynastie).

Statues en schiste et en calcaire. Dessins et inscriptions de la base. Les traits de fard aux yeux. Couronne de la Haute Égypte, pas d'urœus.

La petite statuette en ivoire du roi Chéops ne paraît pas appartenir à l'art officiel, mais être plutôt un document de l'influence de cet art sur la sculpture non officielle en ivoire, si florissante à cette époque, comme les découvertes d'Abydos et d'Hieraconpolis l'ont surabondamment démontré.

IX. L'art de représenter les animaux dans leur allure nettement caractéristique, ne s'est pas perdu dans les premières dynasties. Lions, singes, chiens, etc. Le chien en ivoire de Hieraconpolis. Le lion en terre cuite.

X. Au début de la IVe dynastie, l'art égyptien est constitué; la rencontre entre l'art des envahisseurs et celui des aborigènes a amené de part et d'autre des emprunts et des modifications. L'histoire de l'art égyptien à toutes les périodes de son développement nous permettra de constater la persistance de cet antagonisme. Mais avant d'aborder cette étude, nous devons consacrer quelques leçons aux questions générales : matériaux, éléments de construction, principes et conventions artistiques; les idées religieuses des Égyptiens et leur influence sur le développement de l'art.

VIᵉ LEÇON

Matériaux et Éléments constructifs

I. *Bibliographie :* MASPERO, *Archéologie égyptienne*, Paris, Quantin, sans date. Il vaut mieux se servir de la 5ᵉ édit. anglaise : *Manual of Egyptian Archaeology*, Londres, 1902, avec additions, corrections et table alphabétique.

PETRIE, *Egyptian decorative Art*, Londres, 1895.

CHOISY, AUG., *l'Art de bâtir chez les Égyptiens*, Paris, 1904.

II. *Briques :* Fabrication des briques : " Limon mêlé à un peu de sable et de paille, puis façonné en tablettes allongées et durci au soleil. „ Dimensions variables suivant les époques. Les dimensions vont en grandissant de la Iʳᵉ à la XVIIIᵉ dynastie ; à partir de la XXIᵉ, la grandeur décroît sensiblement. — Moule. Briques cuites rares avant l'époque romaine. Briques estampées ; avec plaquette intérieure.

Emploi des briques : murs avec niches en retrait identiques aux murs chaldéens.

Murs inclinés en talus : nécessité de la construction en lits incurvés. Imitation en pierre.

Voûtes : Combinaison de l'arc triangulaire et du plein-cintre à Medum. Voûte de Adu Iᵉʳ à Denderah. Magasins du Ramesseum, constructions en brique devant le temple de Deir el Bahari, à El-Assasif. Tombe recouverte d'une coupole en brique à Abydos.

Briques émaillées. Plaques de revêtement en terre émaillée à Abydos et Hieraconpolis. Pyramide de Saqqarah. Plaques imitant les nattes en roseaux. Plaques décorées de Tell el Yahoudi.

III. *Bois.* Acacia, sycomore, ébène. Expéditions pour se procurer des bois. Emploi dans les colonnes, toitures. Constructions légères. Panneaux dans les tombes d'ancien empire. Soubassements peints à l'imitation de lambris en bois. Bois découpés : origine des moncharabièhs. Incrustations : meubles. Sculptures en bois.

IV. *Pierre :* Grès, calcaire, granit, pierres dures diverses. Combinaison des diverses pierres dans la construction.

Carrières : Ouady Hammamat : diorite et granit gris. Tourah, Massarah : calcaire ; Silsilis : grès ; Syene : granit ; Hat-Noub : albâtre.

Expéditions aux carrières : Ounas ; expéditions au Ouady Hammamat : récits prodigieux, miracle de la gazelle.

Transport des blocs, sur des traîneaux ou des bateaux : Colosse de Berscheh, obélisques de Hatshopsitou.

Dimensions des blocs : colosse du Ramesseum : hauteur 17.50 mètres, poids plus de 1 million de kilogs. Blocs de la pyramide de Gizeh.

Pierres dures dans l'art industriel, pierres fines : scarabées, amulettes.

V. *Métal :* Cuivre et bronze, travaillé ou martelé, ou coulé. Incrustations en métaux précieux : or, électrum, argent, platine.

VI. *Matériaux divers :* Ivoire, cuir, verre, vannerie, papyrus, etc.

VII. *Éléments de construction :* Construction en pisé ; la gorge égyptienne, son origine ; tore en forme de ruban, son origine. — Excavations dans la montagne : speos, hémispeos, hypogées. — Murs en pierre à joint vif sans lien d'aucune sorte. Crampons de métal et queues d'aronde en bois de sycomore. — Mortier : chaux, chaux et sable, chaux, sable et brique pilée. — Appareil régulier ou irrégulier. — Murs inclinés en talus.

VIII. *Les piliers* : Piliers du temple du sphinx à Gizeh. — Abattement des angles et formation de piliers à 8 et à 16 pans : le protodorique de Béni-Hasan, les piliers de Thoutmès III à Karnak, la colonnade et le vestibule de Deir el Bahari. Les piliers hathoriques. Les piliers osiriaques. Les piliers à décors floraux à Karnak.

IX. *Les colonnes*. Base en général peu élevée. Les colonnes lotiformes et les colonnes papyriformes. Tantôt la colonne correspond à une simple tige de plante, tantôt elle représente un faisceau de plusieurs tiges réunies par des liens. Dans la colonne lotiforme la coupe transversale de la tige est ronde, dans les colonnes papyriformes elle est triangulaire, distinctement étranglée à la partie inférieure, avec une bordure lancifoliée qui manque dans les colonnes lotiformes. Dans la colonne lotiforme la fleur de lotus qui constitue le chapiteau est d'ordinaire fermée; dans la colonne papyriforme la touffe de papyrus est ouverte ou fermée. Colonne à palmes. Colonne hathorique et colonne à campane renversée.

Le chapiteau n'a pas en Égypte de véritable rôle constructif, c'est un décor floral attaché au sommet de la colonne. Développement des motifs floraux à l'époque ptolémaïque. (Foucart, *Histoire de l'ordre lotiforme*. Paris, 1897, à consulter prudemment ; Borchardt, *Die ägyptische Pflanzensäule*. Berlin, 1897.)

X. *Architraves*. Leurs dimensions parfois colossales : Karnak, longueur, 9ᵐ20; cubage, 31 m³; poids, 65.000 kilos. La longueur des architraves détermine l'écartement des colonnes dont les proportions relatives ne sont pas réglées par un canon.

Pylones, propylones, portes et fenêtres.
Obélisques et allées de sphinx.

XI. *Fondations.* En général peu de profondeur, l'humus de la vallée du Nil compact et dur subit, au moment du retrait des eaux, une contraction qui le rend incompressible ; le poids des matériaux lui fait atteindre le maximum de tassement et assure à l'édifice une assiette stable.

XII. *Moyens techniques.* Échafaudages en briques à Karnak. Levier et ascenseur oscillant (Legrain). Forces employées : l'eau et le sable. Les tombes de la XXVIe dynastie à Saqqarah. (CAPART, *un Problème de mécanique égyptienne.* Bruxelles, 1901.)

VIIe LEÇON

Technique et pratique artistiques

I. *Bibliographie :* Maspero, *Archéologie égyptienne,* Chap. IV,
§ 1-3.

II. Plans. Combinaison des divers principes modernes :
plan, élévation et coupe.

Plans sur papyrus, tombeau de Ramsès IV. Plans sur les
murs des tombeaux, principalement à Thèbes et à Tell el
Amarna.

Comment on représente par rabattement sur le plan les
portes, les colonnes, etc. Dans quelle direction ce rabattement se fait d'ordinaire.

Cas particuliers : rabattement dans les quatre directions,
étang ; déplacement de la base de colonnes, treille. L'étang
entre les palmiers.

III. *Perspective.* Le procédé employé pour les plans est
également en usage pour représenter les groupements de
personnages, d'animaux, etc.

Rabattement sur le plan. De même que l'on fait subir aux
parties architecturales un quart de tour avant de les rabattre,
de même, lorsque l'on veut représenter des personnages en
perspective, on fait subir au plan sur lequel ils se trouvent un
quart de tour avant de rabattre.

De la sorte, les personnages originairement de profil,
devraient se présenter de face ; mais comme nous le verrons
tantôt on les représente toujours de profil et ainsi, au lieu
d'être à côté l'un de l'autre, ils sont l'un à la suite de l'autre.
En outre, les plans successifs, au lieu d'être à la suite l'un de

l'autre, se superposent, le plus élevé étant le plus éloigné de l'œil du personnage principal de la scène.

On représentait cependant parfois une file de personnages placés sur le même plan en les plaçant les uns derrière les autres, chaque figure dépassant un peu la précédente ; mais ils sont dessinés comme s'ils n'avaient que deux dimensions.

Exceptions : quelques représentations rares de masses profondes ; soldats en rang...

Les Égyptiens n'ont jamais dessiné d'après les lois de notre perspective, mais une fois leurs règles admises, leurs représentations sont aussi claires que les nôtres, sinon davantage puisqu'elles permettent le même détail dans les plans les plus éloignés de l'œil que dans les plus rapprochés.

IV. *Composition des figures*. Dessin par ombre portée. Comment chaque partie du corps est représentée de face, de trois quarts ou de profil. Soudure des diverses parties dessinées sous un angle différent.

Les membres qu'on avance sont ceux qui sont le plus loin de l'œil de l'observateur de façon à ne pas couper les figures. Celles-ci sont d'ordinaire dessinées dans le sens de l'écriture hiéroglyphique regardant vers la droite. Renversement mécanique des figures ; sceptre, bâton, fleurs, etc.

Défauts de détail et leur explication.

Influence de l'art officiel sur cette façon de dessiner apparaissant dans les premiers monuments pharaoniques. Art non officiel plus libre et dont on trouve la trace dans les scènes accessoires des monuments officiels. Rares exemples de figures de face ou de dos. Les conventions ne se retrouvent pas à un degré aussi rigide dans l'art industriel. L'art de Tell el Amarna n'est en réalité que la substitution de l'art non officiel à l'art officiel.

Comment les Égyptiens apprirent à dessiner aux Mycéniens et aux Grecs. (POTTIER, *le Dessin par ombre portée chez les Grecs,* dans la *Revue des études grecques,* XI, 1898, pp. 355-388).

V. *Enseignement de l'art.* Laissant de côté les arts industriels qui nous entraîneraient trop loin, nous pouvons nous borner à la peinture et à la sculpture. Notons immédiatement qu'à part les vignettes des papyrus, la peinture est surtout l'accessoire de la sculpture et c'est ce qui explique que les Égyptiens aient peint par teintes plates sans chercher à rendre pour la couleur le jeu de la lumière et de l'ombre. Les pierres dures elles-mêmes étaient le plus souvent peintes.

Exercices de dessin et de sculpture sur des tessons de pot ou des éclats de calcaire dans les ateliers. Modèles d'atelier montrant les divers états d'achèvement d'une tête royale, par exemple. Certaines esquisses nous donnent une idée excellente de ce que pouvaient faire les bons artistes lorsqu'ils n'étaient pas enchaînés par les traditions de l'art officiel.

VI. *L'ouvrier d'art à l'œuvre.* Composition de la scène en un modèle réduit. Mise au carreau. Canons de proportion. Première esquisse à l'encre et rectification par un maître. Divers procédés de sculpture des reliefs; entaille des contours, relief dans le creux, relief. Combinaison des divers procédés dans un même monument et leurs avantages réciproques.

Modèles de sculpteurs, épures de chapiteaux.

VII. *Outils.* Pinceau, palette, couleurs (jaune, rouge, bleu, brun, blanc, noir et vert; parfois trois variétés de jaune, trois de brun, deux de rouge et de bleu, deux de vert, en tout quatorze ou seize tons différents).

Instruments du sculpteur : ciseau, marteline, violon, gradine, gouge. Procédés pour polir les statues en pierres dures.

VIII. *Architectes et artistes.* Chefs de travaux, grands personnages dont les noms sont fréquemment conservés. Les œuvres d'art sont anonymes, seuls quelques rares noms d'artistes ont été relevés.

Population ouvrière à la fin de la deuxième époque thébaine. Carnets de surveillants, grèves. (SPIEGELBERG, *Arbeiter und Arbeiterbewegung in Pharaonenreich unter den Ramessiden,* Strassburg, 1895.)

VIIIe LEÇON

Coutumes et croyances des Égyptiens et leur influence sur l'art

I. On pourrait dire d'une façon générale que les Égyptiens, dans la plupart des questions importantes, obéissaient à des mobiles diamétralement opposés aux nôtres. Si nous voulons comprendre les œuvres d'art il est indispensable de connaître les idées qui les ont inspirées ; sinon nous pourrons décider ce qui dans l'art égyptien est conforme à nos conceptions artistiques et non ce qui en Égypte répondait parfaitement au but voulu par l'artiste. D'autre part une telle étude n'est possible qu'en y consacrant beaucoup de temps ; nous devrons forcément nous borner à quelques remarques générales présentées d'une façon toute dogmatique et sans que nous nous attardions à faire la preuve de tous les problèmes que nous aborderons.

II. *Bibliographie :* ERMAN, *Ægypten und ägyptisches Leben im Altertum*. Tübingen, sans date.

MASPERO, *Histoire ancienne des peuples de l'Orient classique*. Paris, 1895-1900, surtout les premiers chapitres du tome I.

FRAZER, *The Golden Bough,* pour les conceptions relatives à l'âme, à la magie et à la religion chez les primitifs.

III. *La maison.* Plan de la maison égyptienne, si bien adapté aux conditions climatériques qu'il s'est conservé en partie dans la maison arabe actuelle : cour d'entrée autour de laquelle sont groupés les magasins, les écuries, et les habitations des serviteurs ; au fond de la cour un portique supporté par des colonnettes. La salle de réception *selamlik* plus longue que large. La salle profonde et étroite constituant le centre de l'habitation des maîtres.

Garniture du sol et des murs : tapis et nattes ou peintures les imitant. Le mobilier est assez sommaire : lits, tables, chaises, coffrets.

Le luxe apparaît surtout dans les objets de toilette : coffrets incrustés, cuillères à parfums, miroirs, bijoux.

Si nous essayons de nous représenter la vie d'un Égyptien de la classe aisée nous reconnaitrons que l'art y occupait une place assez importante : littérature, poésie. Réceptions mondaines où la musique et la danse sont en honneur : l'Égyptien a le sens de la beauté plastique du corps humain : jeunes esclaves... conte des magiciens du roi Chéops.

Esprit commerçant des Égyptiens, rapports avec les pays étrangers produisant des résultats sensibles dans le domaine artistique : Syrie et bassin de la mer Egée, art mycénien.

IV. *La tombe* n'est autre chose que la maison éternelle du mort. Conception du double vivant dans la tombe, à côté d'autres croyances relatives à l'âme. Si le double est une projection de l'être, nous pouvons dire que l'existence après la mort n'est autre chose que la projection de la vie terrestre.

Le plan du tombeau est calqué sur celui de la maison des vivants. Comme le défunt doit y mener une vie en tout semblable à celle qu'il menait sur la terre, on garnira le tombeau de provisions et on le meublera d'une façon complète. Statuettes de serviteurs.

La vie du double étant attachée à son support qui est le corps, il faudra empêcher qu'il ne vienne à se détruire : embaumement, masques de momies ; emplacement des tombes à l'abri de l'inondation. S'il vient à périr, il sera remplacé, d'après les idées générales chez les primitifs, par les statues de double qui, pour être utiles, devront reproduire le défunt trait pour trait. Naturalisme frappant des statues découvertes dans les tombeaux de l'ancien empire. En vertu des principes de la magie imitative on remplace les sacrifices répétés par des scènes peintes ou sculptées sur les parois des tombeaux. La stèle, qui représente à l'origine la porte qui sépare les parties de la tombe accessibles au vivant de celles réservées au mort devient graduellement un véritable résumé du tombeau. La vertu des formules, la création par la parole.

Le sarcophage véritable résumé du tombeau : décoré des scènes que l'on mettait aux murs de la tombe; les scènes gravées sur les sarcophages aux diverses époques se transforment en même temps que les peintures des parois des chambres de la tombe. Pour que le défunt puisse tirer profit de ces diverses " recettes „ magiques, il faut qu'il ait subi la cérémonie de " l'ouverture de la bouche „ entièrement basée sur les principes de la magie imitative qui rend à la momie et aux statues le principe de vie que la mort en avait séparé. Précautions prises contre les violations des sépultures expliquant les bizarreries de plan des tombeaux.

V. *Le temple.* Le temple est originairement la maison du dieu vivant qu'on se concilie par des offrandes, et ce caractère reste toujours net dans les religions populaires de l'Égypte où l'on rend hommage à l'animal sacré, par ex. : le crocodile du Fayum. Au temps où naquirent les mythologies et où l'on adore des dieux morts le temple devient le tombeau du dieu. Le service journalier du temple est identique à la cérémonie de " l'ouverture de la bouche „ faite pour les morts. Le plan du temple est calqué sur celui de la maison et de la tombe avec ses parties principales invariables.

Le sort des rois morts n'est pas le même que celui des simples mortels, du moins aux temps primitifs : en vertu de son triple caractère de roi, de dieu et de prêtre, le roi mort s'assimile au dieu par la vertu des formules et cérémonies magiques : procédé brutal originaire. Ce n'est que par faveur et peu à peu que l'on communique le privilège aux sujets.

Le roi participe au culte en tant que dieu vivant; il y participe aussi par son assimilation aux dieux et à partir de la XVIIIe dynastie les dieux sont représentés avec les traits du roi.

VI. Ces quelques remarques générales sont évidemment insuffisantes pour donner une idée précise des idées des Égyptiens et pour montrer l'influence qu'elles ont exercées sur le développement de l'art. Elles suffisent cependant, en indiquant combien le sujet est complexe, à mettre en garde contre des jugements trop hâtifs. Avant d'aborder enfin l'étude chronologique du développement de l'art égyptien, il nous reste encore à tracer le cadre historique de cette évolution.

IXᵉ LEÇON

Indications géographiques et historiques.

I. *Bibliographie : An Atlas of ancient Egypt.* Special publication of the Egypt Exploration Fund.
   2ᵉ édit. Londres, 1895, (3 s. 6 p.)
   MASPERO, *Histoire ancienne des peuples de
   l'Orient classique.* Paris, 1895-1900.
   Les renseignements généraux publiés par
   BENEDITE dans le *Guide Joanne de
   l'Égypte* et par STEINDORFF, dans le
   Bädeker.

II. L'Égypte est la vallée du Nil depuis la première cataracte
jusqu'à la mer.

Sa plus grande longueur est de 788 k. qui devient en
suivant le cours du Nil 1200 k.; " sa largeur, réduite par
endroits au lit même du fleuve (Silsileh), atteint, en s'éloignant
de plus en plus de la cataracte, 5 k. (Edfou), de 10 à 15
(Thèbes, Girgeh, Siout) 25 (Manfalout, Beni Souef); son plus
grand développement, 600 k., est mesuré par le cordon de
dunes qui cerne le littoral du delta „. Superficie sans les
régions désertes : 33,239 k q.; sol habitable : 29,400 k q.
(Belgique 29,455 k q.). Population d'environ 7.000.000 d'habitants.

Division de l'Égypte en Égypte du nord et Égypte du sud,
basse et haute Égypte. Antiquité de cette division et son
importance. Chacune de ces parties se divise en un certain
nombre de provinces ou *nomes* (36, 40, 42, 44, et même 50)
avec une capitale, un dieu, un sacerdoce, un prince féodal,
plus tard un gouverneur.

Aspect de la vallée du Nil : les chaînes libyque et arabique, le Delta, les Oasis. Végétation, Faune; — le régime des eaux : le Nil, ses inondations. Canaux et digues. Position géographique de l'Égypte dans le monde ancien.

III. *Chronologie.* Difficultés. Façon de dater des Égyptiens. Indications des années de règne dans Manéthon. — Dates astronomiques. Papyrus de Kahun donnant un lever héliaque de Sirius-Sothis sous la XIIᵉ dynastie. On en déduit la date XIIᵉ dynastie = 1800 av. J.-C. ou bien 3260, c'est-à-dire une période sothiaque de plus (1460 années).

IV. Dynasties et dates proposées par Maspero :

Période archaïque.

Iʳᵉ dynastie thinite	av. J.-C. 5000 — 4750.	Menès - tombes
IIᵉ „ thinite	„ 4750 — 4450.	[à Abydos.

Empire memphite.

IIIᵉ dynastie memphite	av. J.-C. 4450 — 4240.	
	Zoser — pyramide de Sakkarah.	
IVᵉ „ memphite	av. J.-C. 4240 — 3950.	
	Snéfrou, Cheops, Chephren et Mycerinus.	
Vᵉ „ eléphantine	av. J.-C. 3950 — 3700.	
	Ouserkaf, Sahura, Ousirnra, Ounas.	
VIᵉ „ memphite	av. J.-C. 3700 — 3500.	Teti, Pepi I et II.
VIIᵉ „ memphite	„ 3500 (70 rois en 70 jours).	
VIIIᵉ „ memphite	„ 3500 — 3350.	
IXᵉ „ heracléopolitaine	„ 3350 — 3200.	
Xᵉ „ heracléopolitaine	„ 3200 — 3100.	

Premier Empire thébain.

XIᵉ dynastie thébaine	av. J.-C. 3100 — 3050.	
	Entef et Mentuhetep.	
XIIᵉ „ thébaine	av. J.-C. 3050 — 2840.	
	Amenemhat et Ousirtesen.	
XIIIᵉ „ thébaine	av. J.-C. 2840 — 2400.	Sebekhetep.
XIVᵉ „ xoïte	av. J.-C. 2400 — 2200.	
XVᵉ „ Hycsos et thébaine	„ 2200 — 2000.	
XVIᵉ „ Hycsos	„ 2000 — 1750.	
XVIIᵉ „ Hycsos et thébaine	„ 1750 — 1600.	
	Seqnenra, Amosis, Amenophis I.	

Second Empire thébain.

XVIIIe dynastie thébaine   av. J.-C. 1600 — 1380.
              Thoutmès, Hatshopsitou, Amenophis, Horemheb.
  XIXe   „   thébaine   av. J.-C. 1380 — 1220.
              Seti I. Ramsès II.
  XXe   „   thébaine   av. J.-C. 1220 — 1080.
              Ramsès III. Hrihor.
  XXIe   „   tanite et thébaine av. J.-C. 1080 — 950.   Pinodjem.
  XXIIe   „   bubastite   „   950 — 800.
              Sheshonq, Osorkon.
  XXIIIe „   tanite   „   800 — 721.   Piankhy.

Empire saïte.

XXIVe dynastie saïte   av. J.-C. 721 — 715.   Bokhoris.
  XXVe   „   éthiopienne et saïte „   715 — 666.
  XXVIe   „   saïte   „   666 — 525.
              Psammétique, Apriès, Amasis.
  XXVIIe „   perse   av. J.-C. 525 — 408.
              Cambyse, Darius, Artaxercès.
  XXVIIIe „   saïte   av. J.-C. 408 — 399.
  XXIXe   „   mendésienne   „   399 — 378.
  XXXe   „   sebennyte   „   378 — 340.   Nectanebo.
  XXXIe   „   perse   „   340 — 332.

« L'erreur peut monter à quelques siècles dans les dates antérieures à la XVIIIe dynastie; à un quart ou un demi-siècle, de cette dynastie à la XXIVe, et à partir de celle-ci, de quelques années seulement. „

Alexandre le Grand conquiert l'Égypte (332-311). Après sa mort la dynastie lagide fondée par Ptolémée Ier prend la succession des anciens rois (305-30).

Période romaine d'Auguste (27 av. J.-C.) à Théodose (395 ap. J.-C.). L'Égypte continue à faire partie de l'empire d'Orient jusqu'en 640, année de la conquête des Arabes conduits par Amr, général du Khalife Omar.

Xᵉ LEÇON

L'architecture de l'Ancien l'Empire.

I. *Architecture civile.* Les maisons étaient construites en briques crues ou en pisé et elles n'ont pas laissé de traces. Les palais ont également disparu, à l'exception de quelques restes retrouvés sous le temple du soleil à Abousir.

II. *Architecture militaire.* Un certain nombre d'enceintes fortifiées remontent à l'ancien empire : l'enceinte d'El Kab, les forteresses d'Abydos, la forteresse de Kom-el-Ahmar, la forteresse de Déir et le camp retranché d'Éléphantine. Exemple : la Shounet-es-Zébib d'Abydos datant, d'après les découvertes récentes de Petrie, de la IIᵉ dynastie. Plan. Épaisseur des murs à la base : grands côtés, 6ᵐ50 et 6ᵐ28 ; petits côtés 5ᵐ10 et 5ᵐ52. Épaisseur au sommet : 5 m. ; hauteur : environ 12 m. Le parement extérieur est incliné en léger talus. Particularités des portes. Dimensions totales : longueur 131ᵐ30, largeur 78 m. (WEILL, R., *l'Art de la fortification dans la haute antiquité égyptienne*, dans le *Journal asiatique*, janvier-février 1900.)

III. *Architecture religieuse.* Les fouilles de Petrie à Abydos et de Quibell et Green à Hiéraconpolis ont fait connaître les temples des premières dynasties.

Détruits successivement par les rois qui rebâtissaient sur le même emplacement, il est difficile de se représenter leur aspect général. (PETRIE, *Abydos* II; QUIBELL and GREEN, *Hierakonpolis* II.)

La construction était en brique à l'exception de quelques parties : encadrement des portes, colonnes, architraves, qui étaient en pierre.

Des blocs avec inscriptions trouvés en divers endroits de l'Égypte donnent des preuves de l'activité des rois de l'ancien empire et de leur zèle à élever des temples aux dieux, de l'extrémité du Delta à la première cataracte.

IV. *Temple du sphinx.* Construction assez énigmatique. Le noyau de la maçonnerie est en calcaire fin de Tourah. Le revêtement, les piliers, les architraves, la couverture, étaient en blocs d'albâtre ou de granit gigantesques. Plan.

V. *Temple du soleil à Abousir.* Découvertes de Schäfer et Borchardt.

Temple élevé par Ra-en-User de la VIe dynastie. Dispositions générales du plan. Magasins. Table d'offrande. Les bassins. La chapelle. L'obélisque. La barque en brique.

VI. *Les temples funéraires des pyramides.* Le plus complet qu'on ait édudié est celui de la pyramide de Ra-en-Ouser, à Abousir.

Dispositions générales du plan. Les magasins. La cour avec portique. La salle large. Le sanctuaire.

Temple de la pyramide de Meidoum.

Temple de la pyramide de Ounas. Les colonnes papyriformes, lotiformes et à palmes sont créées dès la Ve dynastie.

VII. *Architecture funéraire.* Évolution de la tombe depuis les temps préhistoriques.

Simple fosse avec séparation en clayonnage formant un compartiment séparé pour déposer les offrandes.

Fosse garnie de briques crues.

Petite chambre rectangulaire avec divisions en briques pour le mobilier funéraire.

Escalier donnant accès à la tombe.

Multiplication des chambres. Construction au-dessus du sol du *Mastaba.* Murs avec niches en retrait.

Tombe de Negadah dite de Ménès.

Tombes de la Ire dynastie à Abydos.

Les tombes royales de la III⁰ dynastie à Bet-Khallaf.
Développement du mastaba. Multiplication des chambres
et des couloirs. Les herses mobiles (PETRIE, *Royal tombs;*
MAC IVER AND MACE, *El Amrah and Abydos;* GARSTANG,
Mahasna and Bet-Khallaf.

VIII. *Les pyramides.* La pyramide à degrés de Saqqarah.
La pyramide de Meidum nous faisant assister au passage
du mastaba à la pyramide.

Les pyramides de Gizeh. Khéops, Chephren et Mycérinus.
La grande pyramide de Khéops. Ses dimensions colossales :
longueur des côtés : 233 m., hauteur verticale, 146^{m}52
(actuellement 137^{m}18); hauteur de faces inclinées 186 m.;
maçonnerie 2,521,000 m³. Plan; ses modifications successives (?). La grande galerie, hauteur 8^{m}50, longueur 47 m.
Chambre funéraire revêtue de granit et recouverte de 9 dalles
de 5^{m}64 de longueur. Chambres de décharge. Les herses.
Porte. Revêtement. " On pourrait, avec les trois pyramides
de Giseh, construire tout autour de la France un mur de dix
pieds de haut sur un de large „ (Napoléon).

IX. *Les pyramides de la V⁰ et VI⁰ dynasties* à Saqqarah.
Exemple : la pyramide de Ounas. Plan.

X. *Les mastabas.* Autour des pyramides se groupent les
tombes des contemporains du roi qui reposent dans des
mastabas. Aspect régulier de ces nécropoles, rues de tombes,
dispositions des chambres accessibles aux vivants. Le serdab.
Les puits et les caveaux. Tombeau de Ti.

XI. *Les hypogées.* Lorsque le site s'y prêtait, la tombe était
creusée dans la montagne. Les dispositions intérieures n'en
étaient nullement modifiées.

Les peintures et sculptures des temples et des tombeaux
seront l'objet de la prochaine leçon.

XIe LEÇON

Peinture et sculpture sous l'ancien Empire.

I. Rappelons d'abord ce que nous disions dans notre leçon sur la formation de l'art égyptien. Les envahisseurs pharaoniques ont introduit l'art officiel qui subira relativement peu de modifications pendant toute la durée de l'histoire de l'Egypte. En face de cet art officiel se trouve l'art populaire dérivé de l'art des primitifs.

C'est sous l'ancien Empire que l'antagonisme entre ces deux arts est le plus frappant. C'est ce qui explique le réalisme extrême des œuvres non officielles qui faisait dire à Nestor L'Hote : " De l'art égyptien nous ne connaissons que sa décadence. „

II. *Bas-reliefs officiels.* Les plus anciens sont ceux gravés au Sinaï dans le Wady-Magharah : Mersekha, Djoser, Snefrou, Chéops, etc.

Le prototype s'en trouve déjà sur la grande palette de Nar-Mer.

Les chapelles du temple du soleil à Abousir nous ont fait connaître des bas-reliefs religieux se rattachant, d'une part, aux scènes des massues votives de Hiéraconpolis et, d'autre part, aux reliefs des temples d'époques postérieures. La facture est à peine différente de celle des reliefs des meilleurs tombeaux contemporains.

III. *Statues royales.* Rappelons les statues de Khasekhmoui étudiées précédemment et auxquelles se rattachent les statues du Musée du Caire : Chéops, Chephren, Mycérinus, Ra-en-Ouser.

Ces statues sont sculptées dans les roches les plus dures : diorite, granit rose, albâtre.

La statue de Chephren est le chef-d'œuvre de l'art officiel de la IVe dynastie. " Rarement la majesté royale a été rendue d'une façon plus impressionnante. „

Incertitudes momentanées sur la date de ces statues, que M. Borchardt attribuait à la XXVIe dynastie.

Polychromie des statues.

Statues en bronze de Pepi à Hiéraconpolis : combinaison de la fonte dans un moule avec le martelage (les statues Posno).

Les grands sphinx de Tanis appartenant à l'ancien Empire reproduisent les traits du roi.

Le grand sphinx de Gizeh, à quelle époque l'attribuer?

IV. *Statues de personnages privés*. Ces statues représentant en général de grands personnages de la cour, doivent subir fatalement l'influence de l'art officiel. Mais en vertu des croyances qui les font placer dans les tombeaux, elles doivent s'inspirer minutieusement du modèle.

La tête est toujours un véritable portrait, tandis que le corps se rapproche du type consacré par l'art officiel.

Tendance à l'idéalisation du type : son but.

On peut classer toutes ces " statues de double „ en quelques grandes catégories : homme debout, assis seul ou avec sa femme ou des enfants, etc.

Les statuettes de serviteurs.

Quelques œuvres : Sepa et Nesa. — Rahotop et Nofrit. — Mertitefs. — Le scribe du Louvre. — Sekhemka. — Hemset. — Le Scheikh el-beled. — Sa femme. — Groupe anonyme du Louvre, etc.

Les dossiers et les tenons. — Comment on peut les expliquer. — Yeux incrustés.

Polychromie des statues.

V. La *stèle* en forme de façade. Stèles sculptées. Les *sarcophages*.

VI. *Bas-reliefs des tombeaux*. Leur but n'a plus besoin

d'être rappelé sinon pour expliquer la diversité des scènes.

Il semble que d'abord ces reliefs étaient, tout au moins en partie, exécutés sur des panneaux en bois : panneaux de Hosi.

L'art officiel se fait sentir ici principalement dans les figures principales représentant le défunt et sa famille, tandis que l'art libre se révèle à chaque pas dans les scènes accessoires. (Ex. : joutes navales du tombeau de Phahhotep.)

Rappel des conventions de perspective.

Représentations typiques. — Représentation des domaines.

Perfection du travail (tombeau de Phahhotep, par ex.).

VII. Les bas-reliefs sont rehaussés de peintures.

Parfois on rencontre des tombes où les murs sont simplement peints. Procédé de Meidoum. Les oies de Meidoum.

VIII. Nous connaissons surtout l'art de l'ancien Empire par les nécropoles memphites échelonnées de Gizeh à Saqqarah. On connaît également l'art local grâce aux nécropoles de Deshasheh, Sheikh-Said, Deir-el-Gebrawi, Denderah, Assouan, etc., et même Thèbes.

On constate que l'art y est à un niveau de beaucoup inférieur à celui de Memphis et qu'il est encore beaucoup plus près des monuments gauches et naïfs des premières dynasties. L'influence de l'art officiel y est moins sensible.

IX. L'art industriel de l'ancien Empire est peu connu encore, quoiqu'il y ait beaucoup de matériaux à extraire des représentations figurées, au point de vue de la bijouterie notamment. Quelques ivoires peuvent être attribués à l'ancien Empire.

XIIe LEÇON.

L'art au Moyen Empire.

I. Après la VIe dynastie on constate un véritable vide monumental. C'est à peine si dans les nécropoles provinciales on trouve quelques renseignements sur l'état de l'Égypte après cette époque. Ce n'est qu'à la XIe dynastie que les princes de Thèbes font sortir l'Égypte de l'anarchie et restaurent l'empire égyptien à leur profit (Antef.).

La XIIe dynastie est une des périodes les plus brillantes de la civilisation égyptienne.

Sous la XIIIe et la XIVe dynastie la décadence se produit et des peuplades étrangères, les Hycsos, envahissent l'Égypte.

II. *Architecture.* Des maisons et des palais, bâtis en matériaux peu résistants, il reste peu de traces.

L'architecture militaire est représentée par d'importantes forteresses en Nubie entre la deuxième et la troisième cataractes du Nil. La Nubie vient d'être conquise et devient province égyptienne. Les forteresses de Kummeh, Kouban et Semneh commandent le fleuve en ses passages les plus resserrés.

III. *Temples.* Les temples de la XIIe et de la XIIIe dynastie ont été presque tous détruits par les Hycsos, ou ruinés par le temps ; ou bien encore ils ont été démolis pour faire place à des constructions plus grandes. L'activité constructive des souverains du moyen empire ou premier empire thébain, est prouvée cependant par des restes de monuments dans l'Égypte tout entière.

Amenemhat III avait construit, dit-on, à Hawara un grand palais, le labyrinthe. Nous verrons dans un instant ce qu'était ce palais célèbre.

IV. *Tombes*. Les rois continuent comme sous l'Ancien Empire à être ensevelis dans des pyramides. A Thèbes, sous la XIe dynastie, ce sont de petites pyramides en briques, dont on a retrouvé les restes à Drah'aboul'Neggah. Les rois de la XIIe dynastie construisent leurs pyramides à la suite de celles des souverains de l'Ancien Empire : Usertesen I à Licht, Usertesen II à Illahun, Usertesen III à Dahshur, Amenemhat III à Hawara. Les matériaux dont elles sont faites sont moins résistants; on remarque en même temps une plus grande complication dans le plan, dans le but d'empêcher les violations.

Le type du mastaba n'est pas abandonné dans les nécropoles entourant les pyramides, mais en même temps apparaissent à Abydos et à Thèbes de petites pyramides en briques crues pour les tombes des simples particuliers.

Les princes féodaux se font construire de vastes hypogées dans leur capitale; les plus importantes sont celles de Béni-Hasan et de Bersheh. On y constate l'emploi des colonnes lotiformes, des colonnes à chapiteau décoré de palmes, et des colonnes polygonales : proto-doriques.

V. A part quelques petits obélisques de dimensions minuscules découverts dans les tombeaux de l'ancien empire, le plus ancien obélisque connu remonte à la XIIe dynastie : obélisque d'Usertesen à Héliopolis.

A Begig dans le Fayoum se trouvent les restes d'un curieux obélisque, plus long que large et arrondi au sommet, avec des scènes et inscriptions au nom de Usertesen II.

VI. *Travaux publics*. On a souvent parlé du fameux lac Mœris destiné à régler l'inondation du Nil. Le roi Mœris aurait également construit le Labyrinthe. " Ce sont là des légendes où la vérité ne tient qu'une place très mince. Le réservoir fameux... n'a jamais existé... Le Labyrinthe lui-même n'était pas ce palais merveilleux que nous décrit Hérodote; c'est la ville qu'Amenemhaît III fonda comme dépendance de sa pyramide, et dont les ruines sont visibles près du village moderne de Hamaara „ (MASPERO, *Histoire ancienne des peuples de l'Orient*. Paris, 1904, pp. 131-132).

VII. *Sculpture*. Statues royales. Nous avons noté, dans les têtes de l'Ancien Empire, l'expression sérieuse et calme. Au Moyen Empire nous voyons l'influence de deux courants opposés, l'un vers l'idéalisation, l'autre vers le réalisme. D'un côté, on cherche à rendre l'expression du visage plus souriante, mais au lieu de représenter le " dieu bon „ avec un doux sourire on tombe dans le travers des primitifs grecs et on fait errer sur les lèvres du roi un sourire moqueur. De l'autre côté, on accentue encore la gravité du visage royal (Spiegelberg). Exemples de la première tendance : statues d'Usertesen I de Licht; de la seconde tendance : statues diverses de Amenemhat III. On voit également pour la première fois l'emploi de statues colossales : statues de Biahmu : 12 mètres de hauteur.

Statues privées — statuettes de serviteurs.
Bas-reliefs.

VIII. Dans *la peinture* la différence entre l'art officiel et l'art non officiel n'est plus aussi frappante. Beni-Hasan : les représentations d'animaux.

IX. *L'art industriel* du Moyen Empire est mieux connu. On peut surtout étudier en détail les stèles et les bijoux.

Un cimetière comme celui d'Abydos a fourni de précieux renseignements par les nombreuses séries de stèles qui sont parfois datées avec précision.

Les bijoux sont connus principalement par les fouilles de
M. de Morgan à Dahshur (DE MORGAN, *Fouilles à Dahshur*,
1895-1903).

X. Les *rapports avec l'étranger* surtout avec la civilisation créto-égéenne, qui s'étaient ralentis après la IVe ou
V^e dynastie, redeviennent plus nombreux au Moyen Empire.

XIIIe LEÇON.

L'architecture du nouvel Empire.

I. Les *circonstances politiques* permirent aux rois de la XVIIIe, de la XIXe et de la XXe dynastie de déployer une extraordinaire activité dans la construction des grands monuments.

L'Égypte qui a chassé les Hycsos est devenue à cette époque, comme on l'a dit, une puissance mondiale ; elle a étendu ses frontières dans toutes les directions et les guerres de conquêtes ont fait affluer des quantités colossales de métaux précieux dans les trésors du roi et des temples.

II. Les *architectes égyptiens* sont en possession des multiples éléments de construction dont nous nous sommes occupés précédemment et ils peuvent s'en servir pour construire des monuments qui témoignent hautement de leur science et de leur art. Les nombreux prisonniers ramenés des guerres mettent à leur disposition les milliers de bras nécessaires pour suppléer à l'absence des machines.

III. Les *maisons et les palais* construits en matériaux peu durables ont pour la plupart disparu. Il faut citer cependant les restes des palais d'Amenophis III à Thèbes et d'Amenophis IV à Tell el Amarna.

IV. L'*architecture militaire* a laissé peu de traces à l'exception d'une construction bizarre de Ramsès III à Medinet Habou et qui est la copie des forteresses asiatiques.

Origines de l'Art et Art oriental.   **13**

V. *Les temples.* Les temples des XVIIIᵉ-XXᵉ dynasties sont extrêmement nombreux.

Ils se divisent tout d'abord en deux grandes catégories : temples des dieux et temples funéraires des rois.

Temples des dieux. Les plus célèbres sont ceux de Louor et de Karnak à Thèbes.

Temples funéraires. Les plus célèbres sont ceux de Seti Iᵉʳ et de Ramsès II à Abydos, de Hatshopsitou à Deir el Bahari, de Seti Iᵉʳ à Gournah, de Ramsès II, dit Ramesseum, de Ramsès III à Medinet Habou ; ces derniers à Thèbes.

Les temples selon la disposition des lieux sont ou construits dans la plaine, ou adossés à la montagne (hemispeos), ou entièrement creusés dans la montagne (speos).

Exemples : temples isolés : Louxor, Karnak, Gournah, Ramesseum, Medinet Habou, etc.; temples adossés à la montagne : Deir el Bahari.

VI. Sans pouvoir étudier en détail tous les temples de l'époque du Nouvel Empire, étudions avec quelque soin le *grand temple d'Amon à Karnak* qui nous permettra de retrouver la plupart des éléments architecturaux que nous avons étudiés dans une précédente leçon.

Comment il faut se représenter le plan fondamental d'un temple. Les agrandissements successifs et les inconvénients de ces accroissements.

Avenues de sphinx. — Enceinte. — Portes. — Pylones — cours à colonnades — salle hypostyle — le sanctuaire et les salles diverses qui l'entourent. — L'autel des offrandes — les obélisques — les statues colossales — les stèles. — Lacs sacrés.

Les chapelles accessoires dans l'enceinte du temple et en dehors de cette enceinte.

Les appartements de Thoutmès III à Karnak. — Le promenoir — le jardin botanique — la chambre des ancêtres...

VII. *Les tombeaux*. Les tombes royales sont séparées de la chapelle funéraire qui est le temple construit dans la vallée ou adossé à la montagne. La tombe, à l'abri des violations, est cachée dans la montagne elle-même. Elle est creusée dans des vallées désertes. — Biban el Molouk — Biban el Harim — vallée des rois, vallée des reines.

Les tombes sont si bien cachées que beaucoup ont échappé jusqu'à présent à toutes les recherches. Les tombes des grands personnages pouvaient être creusées aussi dans ces vallées ou plutôt elles étaient situées dans la vallée du Nil, à la lisière du désert ou creusées dans la montagne. Le plan diffère en réalité peu de celui des tombes des époques antérieures. Parfois, comme du reste pour les temples, la partie de la tombe creusée était précédée d'une petite construction. — Jardins funéraires. — Précautions pour dérouter les violateurs.

XIVᵉ LEÇON.

Sculpture et Peinture du Nouvel Empire.

I. Il convient de faire dans cette période plusieurs *divisions*. Spiegelberg propose les suivantes : Période archaïque comprenant les débuts de la renaissance thébaine et se prolongeant jusqu'aux premiers règnes de la XVIIIᵉ dynastie. La XVIIIᵉ dynastie qui constitue l'âge d'or. Vers la fin de cette dynastie, Amenophis fait une révolution politique, religieuse et artistique. Seti Iᵉʳ restaure l'art égyptien ; son règne et celui de ses successeurs immédiats sont une des périodes les plus productives de l'art égyptien. L'empire commence à entrer lentement en décadence sous les Ramsessides et cette décadence se fait sentir nettement dans l'art.

II. Sculpture. *Statues royales.* D'abord, on commence par l'imitation des statues du moyen empire. (Statue d'Amenophis Iᵉʳ à Turin.) Dans la XVIIIᵉ dynastie, la tendance à l'idéalisation des traits royaux s'accentue. Exemple : statues de Thoutmès III, d'Amenophis III au British Museum, de Ramsès II à Turin. A partir du règne d'Amenophis III, on donne aux dieux les traits du roi.

Colosses royaux : colosses de Memnon (Amenophis III), colosse du Ramesseum, etc.

Statues de divinités : Groupes du roi et de dieux. Nombreuses statues de déesses léontocéphales dans le temple de Maut à Karnak. Statue du dieu Khonsu découverte à Karnak et reproduisant les traits d'Horemheb.

III. *Statues de particuliers.* Parfois déposées dans les temples " par faveur royale „. Grande finesse de détail dans l'exécution du vêtement, de la chevelure, etc. Les traits sont assez impersonnels. Type nouveau : personnage accroupi et enveloppé dans un manteau.

Petites statuettes en bois, en pierre et en ivoire extrêmement jolies.

Statues d'animaux : lions d'Amenophis III au British Museum.

IV. *Bas-reliefs*. Modèles de sculpteur, esquisses. Grands bas-reliefs des temples. On décore de bas-reliefs gigantesques les faces des pylones : le roi sur son char met en déroute les ennemis. Le roi victorieux s'apprête à massacrer un groupe de captifs suppliants. Variété des scènes représentées.

Style excellent des reliefs du commencement de la XVIIIe dynastie : Deir-el-Bahari, par exemple. Perfection des reliefs de Seti Ier et Ramsès II surtout à Abydos.

Bas-reliefs des tombeaux. Les nécropoles de Memphis notamment ont donné des reliefs excellents. Tombeau au Musée de Leide, représentations de musiciens. Tombeau de Horemheb à Leide avec représentation des captifs asiatiques : perfection du détail dans les têtes des étrangers qui sont de vrais documents ethnographiques. Scène de funérailles d'un grand prêtre de Ptah, au Musée de Berlin.

V. *Dessin*. Esquisses. Vignettes des papyrus du Livre des Morts et des autres livres religieux.

VI. *Peinture*. La peinture, comme la sculpture d'ailleurs, se perfectionne. Le contraste entre l'art officiel et l'art non officiel s'atténue encore. Cela est grandement favorisé par le fait que les artistes se trouvaient dans la nécessité de représenter des scènes pour lesquelles n'existait aucune tradition artistique. On assiste à des tentatives nouvelles pour rendre la perspective. Importance croissante du paysage.

Rares essais de représenter des figures en face.

Importance des peintures des tombeaux thébains au point de vue de l'histoire de la civilisation. Tombeaux avec représentations de peuples étrangers apportant le tribut en Égypte : les Mycéniens (Kefti) au tombeau de Rekhmara ; les Éthiopiens au tombeau de Houi.

Peintures des tombeaux des rois reflétant en grande partie la transformation des croyances funéraires. Représentations du Livre de ce qu'il y a dans l'autre monde, etc.

Panneaux décoratifs en terre émaillée à Tell-el-Yahoudi dans le temple de Ramsès III.

VII. *Art de Tell-el-Amarna.*

Amenophis IV fait une espèce de révolution religieuse, donnant la prédominance au culte du disque solaire et se soustrait ainsi à l'influence grandissante des prêtres d'Amon. Une nouvelle capitale est fondée à Tell-el-Amarna où se transporte le centre artistique de l'Égypte. L'art officiel attaché au culte officiel est abandonné et l'art libre devient l'art officiel d'Amenophis IV.

Peintures du pavement en stuc du palais. Réalisme des sculptures.

Échec rapide de la tentative d'Amenophis IV et retour à l'art officiel qui est entièrement restauré par Horemheb.

VIII. *Rapports de l'Égypte avec la civilisation mycénienne.*

Peut-être l'Égypte a-t-elle emprunté des modèles aux mycéniens, mais cette influence serait en quelque sorte le choc en retour des enseignements apportés en Crète par l'Égypte à l'époque du moyen empire.

Tell-el-Amarna a été en rapport étroit avec le monde mycénien ; le fait est démontré surtout par la découverte en cet endroit de nombreux fragments de vases mycéniens.

Sur la civilisation de l'Égypte à cette époque, on trouvera de nombreux renseignements et illustrations dans STEINDORFF, *die Blütezeit des Pharaonenreichs*. (Monographien zur Weltgeschichte, Leipzig, 1900.)

XVe LEÇON.

Arts industriels du Nouvel Empire.
Renaissance saïte.

I. *Le développement de l'Égypte* à l'époque du Nouvel Empire fut naturellement accompagné d'un accroissement du luxe.

Les matières précieuses affluent dans la vallée du Nil apportées par les peuples étrangers en tribut ou introduites par le commerce.

L'habileté technique des artisans n'a fait que croître et tous ces éléments combinés concourent à développer les arts industriels et à les conduire à un degré de perfectionnement vraiment étonnant.

II. *Les arts et les métiers* nous sont parfaitement connus tout d'abord par les peintures des tombeaux thébains : sculpteurs, peintres, orfèvres, ébénistes, etc., sont représentés dans la variété de leurs occupations.

Les objets découverts dans les tombeaux viennent nous apporter les preuves de l'habileté des artisans que les peintures nous montrent à l'œuvre. Ce qu'on trouve surtout, ce sont des meubles, des bijoux et des objets de toilette.

III. *Meubles.* Lits, tables, chaises, coffrets. Il faut noter d'abord la fantaisie dans les formes : les pieds des meubles affectent la forme de pieds de taureau, de lion ; le meuble lui-même prend la forme d'un lion qui s'étire démesurément ; le siège est supporté par des figures de captifs ; les pieds d'un pliant se terminent en tête de canard saisissant dans son bec les barres qui s'appuyent sur le sol, etc. On fait un usage extrêmement varié de l'incrustation en bois, en ivoire, en pâtes de verre, en métal. On décore les meubles d'appliques métalliques, qui s'employaient peut-être aussi dans l'architecture.

IV. *Vases*. Les formes céramiques se multiplient et l'on voit apparaître les vases décorés de peintures, peut-être à l'inspiration des vases importés du monde mycénien.

On fabrique des coupes en faïence, décorées de peintures. Grands vases en métal, avec décoration en métal découpé sur les bords. (SCHAEFER, *die altägyptischen Prunkgefässe mit aufgesetzten Randverzierungen*, Leipzig, 1903.)

V. *Verre*. Le verre était coulé et non soufflé. Vases en verre multicolore dont la date est fixée par la découverte dans des tombeaux, par les débris de fabrication à Tell-el-Amarna, par le vase du British Museum au nom de Thoutmès III.

VI. *Terre émaillée*. Son emploi est très fréquent : statuettes, stèles, plaquettes, vases, amulettes, perles. Plaques à émaux multicolores, etc. Tell-el-Yahoudi. Imitation en terre émaillée de vases mycéniens. (WALLIS, *Egyptian Ceramic Art*, 1898, 1900.)

VII. *Objets de toilette en bois et en ivoire*. Vases en forme de figurines humaines tenant des récipients à fard. Vases à collyre. Cuillères à parfum. Vases en forme de nageuses, en forme de canard, etc.

Boîtes en bois, dites mycéniennes.

VIII. *Stèles*. Les scènes avec figures de divinités rares précédemment, se multiplient en rapport avec les modifications dans les croyances religieuses et funéraires.

Les stèles de pacotille se multiplient de plus en plus.

IX. L'Égypte arrivée au faîte de sa puissance avec les grands rois conquérants des XVIIIe et XIXe dynasties, ne tarde pas à entrer rapidement en décadence. La grandeur thébaine s'écroule sous les coups des invasions de peuples de la mer et les grands prêtres d'Amon finissent par déposséder les descendants dégénérés des grands rois. Le pouvoir politique se transporte dans le Delta et s'émiette de plus en plus.

L'Égypte est envahie et conquise par les Éthiopiens et les Assyriens.

X. Avec la XXVIᵉ dynastie, originaire de Saïs, nous assistons à une renaissance et l'Égypte retrouve pour un instant sa splendeur passée.

Psammétique ouvre l'Égypte aux Grecs qui fondent dans le Delta une ville, Naucratis et un poste militaire, Daphnée.

Dans la renaissance artistique, on se tourne vers l'imitation de l'ancien empire.

En architecture, il semble que les chapitaux composites de l'époque ptolémaïque aient été en grande partie des inventions de l'époque saïte.

Dans la sculpture, il faut noter le fini d'exécution des œuvres et en même temps une sécheresse qui résulte de cette imitation de l'ancien empire sans qu'on ait conservé les croyances funéraires qui donnaient à l'œuvre son intensité de vie et de mouvement.

Emploi des matières dures, extrêmement polies.

Statue d'Amenardis en albâtre. Têtes réalistes de Berlin, etc.

Développement de l'art industriel, fini d'exécution de pièces minuscules.

Faïences émaillées.

Les circonstances politiques ne permirent pas à l'art égyptien de profiter longtemps de cette renaissance et l'époque saïte est la dernière période de splendeur de l'art égyptien pharaonique.

XVIᵉ LEÇON.

L'art en Égypte à l'époque gréco-romaine et byzantine.

I. *Alexandre* fonde la ville d'Alexandrie (332) qui devient un centre de culture hellénique en Égypte. Les Grecs n'ont jamais constitué qu'une infime partie de la population de l'Égypte et les Ptolémées nous apparaissent surtout comme les successeurs des anciens pharaons. Coutumes, institutions, cultes, traditions artistiques, sont conservés et ne s'altèrent que peu à peu.

II. Les rois grecs et les empereurs romains construisent de *grands temples* aux dieux de l'Égypte, en style égyptien et ils s'y font représenter comme les anciens pharaons. Temples d'Esneh, Denderah, Edfou, Kom-Ombos, Philæ.

Ce qui frappe dans cette architecture, c'est une exubérance de détails à laquelle les époques précédentes ne nous ont pas accoutumé. Le plan général reste le même, en général. Un élément nouveau est l'entre-colonnement qui réunit les colonnes du portique au fond de la grande cour. Les bas-reliefs des temples sont d'un style plus mou; leurs dimensions s'amoindrissent. Les grandes scènes des temples du nouvel Empire font place à d'innombrables petites scènes.

III. *Sculpture.* Les sculpteurs égyptiens imitent gauchement les statues grecques et romaines. Les sculpteurs grecs et romains imitent gauchement les statues égyptiennes et dans les deux cas l'imitation est malheureuse.

Masques de momies en plâtre, parfois extrêmement réalistes Iᵉʳ siècle av. J.-C. — Iᵉʳ apr.

Portraits peints sur planchettes. Ier-IIIe siècle apr. J.-C.

IV. L'Égypte à *l'époque byzantine* a subi au point de vue de l'art une évolution extrêmement intéressante qui a été l'objet d'études sérieuses seulement depuis quelques années.

Bibliographie : STRZYGOWSKI, *Orient oder Rom.*, 1901; *Klein Asien, ein Neuland der Kunstgeschichte*, 1903; *Koptische Kunst* (Catalogue général des antiquités égyptiennes du Musée du Caire), 1904.

V. On a dit que *l'art copte* était l'art chrétien d'Égypte et qu'il s'était développé sous l'influence de l'art romain. Il semble que ce soit une erreur.

L'art copte serait l'art hellénistique sorti de l'art grec, développé surtout en Asie-Mineure et traduit par les ouvriers égyptiens habitués aux techniques et aux formes égyptiennes. Le rôle joué dans cette formation par Rome et Byzance aurait été à peu près nul. Au contraire, l'art byzantin et l'art romain auraient été influencés fortement par l'art copte.

M. Strzygowski trouve dans l'art copte trois éléments fondamentaux :

Esprit et technique égyptiens;

Représentations et formes grecques;

Décoration ornementale syrienne.

VI. *Architecture :* les grands couvents et églises coptes. — *Fresques* des chapelles et églises. — *Sculpture :* buste de l'époque de Constantin au Musée du Caire; motifs sculptés dans l'architecture, sur les stèles, etc.

VII. *Art industriel.* Coffrets, peignes, étoffes, sandales, etc. Voir FORRER, *die Graeber- und Textilfunde von Achmim-Panopolis*, 1891; *Römische und Byzantinische Seiden-Textilien aus dem Grüberfelde von Achmim-Panopolis*, 1891;

FRAUBERGER, *Antike und Frühmittelalterliche Fussbekleidungen aus Achmim-Panopolis.*

VIII. *L'invasion arabe* au VIIe siècle vient anéantir les dernières traces de l'art égyptien.

IX. Nous avons ainsi étudié sommairement toutes les périodes de l'art égyptien et nous avons pu vérifier ce que nous disions en commençant, c'est-à-dire que l'art en Égypte n'est pas bizarre, qu'il n'est pas immobile et qu'il n'est pas isolé. Nous aurons l'occasion de vérifier ce dernier point dans les cours de seconde année consacrés aux autres pays de l'Orient.

www.ingramcontent.com/pod-product-compliance
Lightning Source LLC
LaVergne TN
LVHW021140200726
843510LV00001B/171